두고 온 꽃

빛남시선 170

두고 온 꽃

정신자 시집

빛남출판사

• 시인의 말

나 시인 맞니
나의 글들에게 물었다

우린 제대로 된
시가 맞아요

나에게 되묻는다

먼 시의 길
시인의 길

어렵지만
그래도 부지런히 걸어가련다
아름다운 길이니까

2025년 10월

김신자

시인의 말 • 7

1부 반성문을 쓴다

싹 난 고구마에게 • 12
돌멩이의 변 • 13
이끼야 미안해 • 14
변명 • 15
연필은 • 16
탈출을 돕다 • 17
오른 손바닥의 기억 • 18
반성문을 쓴다 • 19
하심송의 고백을 듣고 • 20
어린 왕자를 만나다 • 21
제주도에서 온 다육이에게 • 22
돌이 나에게 • 23
눈꽃 • 24
주운 농담 • 25
거짓말을 모른다 • 26
친구와 상추 • 28
생일이잖아요 • 30
동백꽃의 앙갚음 • 31

2부

물에게

쇠미산에게 • 34
노을 • 35
물에게 • 36
루마니아의 우물 • 38
납골당에서 • 39
응답하라 감자꽃아 • 40
고백 • 42
선암사에서 온 이끼 • 44
나이아가라 폭포에게 • 46
백마강이 묻는다 • 47
길에서 주워온 말 • 48
그냥 • 49
모르겠다 • 50
통도사 연잎차를 마시며 • 51
늦게 핀 연꽃 • 52
마른 풀잎의 말 • 53
습설이 • 54
꽃들이 기뻐서 • 55

3부 바람이

제주의 바람 • 58
바람이 • 59
운석의 고백 • 60
눈불개 • 62
이젠 없다 • 64
새로운 풍경 • 65
두고 온 꽃 • 66
언제가 언제 • 67
영양제 주사 맞은 날 • 68
바쁘게 달려와 • 69
문지기 • 70
늙어서 • 71
너와 함께 • 72
다육이의 전송가 • 73
산과 나무 • 74
까마귀가 • 75
빙하의 울음 • 76
햇살과 나무 • 77

4부   아 여기 참 모습

섬진강에선 • 80
그린 카펫   81
오륙도에서 • 82
이기대 • 84
그래야 보여요   86
청도 운문사에서 • 88
파리야 극락 가라 • 89
황묘농접黃猫弄蝶을 보면서 • 90
아 여기 참 모습 • 92
대구 간송미술관에서 • 94
노도에 가면 1 • 96
노도에 가면 2 • 98
함벽루에 올라 • 100
도은트 수로水路에 서서 • 102
머리로 치는 목탁 • 103

해설_적자지심赤子之心의 시학 / 박대현(문학평론가) • 108

1 반성문을 쓴다

싹 난 고구마에게

오래 던져 둔 고구마
파란 싹 여러 개 내밀었다

싹 난 감자는 독성 있어 못 먹어도
싹 난 고구마는 먹어도 된다지

손으로 싹을 문지른다
저항의 몸짓인가
손에 전해지는 감촉이 싫어
칼로 싹을 저민다

삶아 먹을려고
고구마 순을 자르는 게다
새 생명 얻은 싹 난 고구마를

미안하다
고구마야
펼치던 생명의 꿈을 싹뚝 잘라서

돌멩이의 변

나는 원래 엄청난 수다쟁이
할 말이 너무 많아
입을 닫았다

이제 듣기만 한다
온몸으로 듣는다

우리가 생각이 없다고
아냐
생각이 너무 많아 속으로 뭉친 것을

돌이 운다는 말 들어 보았니
우린 안으로 안으로 슬픔을 다지지

침묵도 소리란 걸
큰 말인 걸
처음부터 알았지

말이 많았네
수다 이만 줄일게

이끼야 미안해

멀리서 데려 왔다
〈조선 통신사 옛길 따라 걷는〉
일본 여행길
〈소안지〉 담벼락에서 데려 왔다
〈선암사〉에서 캐어 온 이끼 옆에 올렸다

무슨 생각할까
두고 온 고국 그리워 훌쩍이나
오기로 버틸까
평화와 공존, 한일 친선
조선통신사의 옛 정신을 되새기나

파릇파릇 살고 있는 이끼
볼 때마다 미안하다
이끼야 고마워
이끼야 미안해

변명

토끼털 넣은 코트를 입었다
올해 들어 가장 추운 날
따뜻하다

이 옷을 위해 몇 마리의 토끼를 죽였을까

내가 너를 죽이는 게 아니라
너가 나를 살리는 거다

양이던가 소이던가 죽이면서 하던
아랍인의 말이 생각난다

때 맞춘 변명 같네요

어디선가 들리는 듯 토끼의 음성

마음 한편 서늘하다

연필은

넌
온 몸이 깎이는
아픔 뒤에야

속 마음이 닳고 닳아야
비우며 채워가네

쓰고 지우고 지우고 쓰고
수 없는 변덕도 아픔으로 안아
흔적 없이 비우고
입 다문 너

묵언 수행의
구도자의 몸짓 본다

탈출을 돕다

몸부림친다
파리 한 마리
유리창과 방충망 사이에서

어떻게 올라왔지
23층 아파트까지

잡아 죽이려다
필사의 몸부림 앞에
맘 바꿔 탈출을 돕는다

난 한 생명을
죽음에서 구했나

덤으로 준 파리의 가벼운 생을
생각하는 내 어깨에
나의 날들이 무거운 날개로 앉는다

오른 손바닥의 기억

40년도 더 지난 오래전의 일
아직도 오른쪽 손바닥이 기억하는
감각이 있다

여교사 시절에 준 체벌
말썽 부린다고 맨손바닥으로 때린
여학생의 뺨
때리고 난 뒤의 후회스런 당혹감
내 손바닥에 붙어 버렸다

어른이 된 그 아이는
뺨의 아픈 순간을 기억하고 있을까

추억이 되지 못할 기억

이제 생각하면
체벌을 준 게
체벌을 받은 기억으로
얼굴 바꿔 내민다

반성문을 쓴다

길섶에서 꺾어 온
이름 모를 풀꽃
입 좁은 화병에 꽂았다

며칠이나 살려나

꽃 피워 초록 열매 달더니
진보라 열매로 익는다

가늘디 가는 잎줄기로
버텨내며 제 몫을 다한 너

너는 뭘 했느냐고 묻는
침묵의 말이 나를 찌른다

반성문을 쓴다

제 몫을 못다 한
지난 나의 날들이 부끄럽다고

하심송下心松의 고백을 듣고

'머리를 숙여
세상과
부닥친 일이 없습니다'

함양 상림숲 함양제에서
고개 숙인 나무의 고백을 보았다

그렇구나
천년이 지난 오늘도
살아 숨쉬고 있구나
고운 최치원 선생님의
백성 향한 뜨거운 사랑의 가르침이

상림숲이 힘찬 팔로 안아 준다
하림계곡이 맑은 목소리로 노래하며 흐른다

머리 숙인 낮은 마음을
다짐하며 걷는 나의 귀에
고운 선생님의 발걸음 소리 환청인듯 들리네

어린 왕자를 만나다

어린 왕자를 만났다
보성 대원사 어린왕자 선문학관에서

무엇을 길들였어요
누구에게 길들여졌어요
긴 시간을 거쳐 공들여
서로에게 하나밖에 없는
소중한 존재가 되었나요

어린이가 어른을 이해해 주어야죠

그래
난 부끄러운 어른

잊고 지낸 내 삶의 의미를 줍는다

제주도에서 온 다육이에게

제주도 길가 담벼락에서
꺾어 온 다육이

제주에서 주운 소라 껍데기에
제주의 흙 담아 심는다

다육아
너 이 시 들어 봤지
'내 귀는 하나의 소라껍질
그리운 바다의 물결 소리여'

네 귀도 소라껍질 되어
두고 온 바다의 물결 소리 바람 소리
들으려무나

그래서 외로움 털고
씩씩하게 쑥쑥 자라거라

정들면 고향이란 말도
마음 속에 새기며

돌이 나에게

내 속에 출렁거리는
슬픔의 손짓 보았니

내 등 위에 내비친 물방울
이슬인 양 알았겠지
서리인 줄 알았겠지

내 안의 눈물이
내 비친 줄 넌 몰랐지

밤에 울리는
내 곡진 울음소리를 들어 보았니
통곡하지 않고
꼭꼭 누른
콕콕 다진

내 얼굴에 너의 얼굴을 대었니
한참 뒤에 피어나는
따뜻한 온기

고마워

눈꽃

눈도
꽃을 피우고 싶었구나
나뭇가지에
동그랗게 동그랗게
꽃송이를 매달았네

언제 사위어질
생명인지 몰라도

내 존재의 시간이
있었노라고

짧아도 눈꽃으로
나는 머물다 가노라고
나는 살다 가노라고

하얀 눈꽃이 웃고 있다

주운 농담

그럼 무겁지

머리는 돌이지
얼굴은 철판이지
간은 부었지

그럼 가볍지

머리는 비었지
허파엔 바람 가득하지
양심은 없지

그럼 너는 무겁니
그럼 너는 가볍니

거짓말을 모른다

작은 자두 한 개에도
맛있는 쪽과
맛없는 쪽이 있지

햇살 많이 받은 쪽엔
햇살과 속삭인
시간의 맛이 달콤함으로

햇살 덜 받은 쪽은
외롭고 쓸쓸한 아쉬운 시간이
신맛으로

식물은 거짓말을 모르네

내 삶의 맛은
달콤한 시간의 맛이 많을까
신 시간의 맛이 많을까

자두를 먹으며
내 삶의 시간들을 반추해 본다

친구와 상추

나무가 좋아
부산에서 벗어나
통도사 앞 상천리에서
나무와 산다

이제 수목원 원장인 친구 집에 갔다
부산서 친구 왔다고
옆집 아줌마가 쌈 싸 먹으라고
텃밭에서 뿌리채 뽑아 온 상추

씻어 쌈 싸 먹나 했는데
흙 담은 넓은 그릇에 심는다

뿌리 달린 상추라
먹기 미안하다고
심으면 잘 산다고
식물은 동물보다 강하다고 하면서

상추야 축하한다

자비심 키운 주인 만나
죽을 목숨 살았구나

영축사의 종소리 은은히 들려오네

생일이잖아요

이 꽃 꺾어 가자
오늘이 내 생일인데 중얼대며

풀섶의 이름 모르는
들꽃을 꺾는다

중얼대는 내 말 들었나

생일이라 새 생명 얻은 날에
생명 하나 죽이네요
나도 생명 얻어 피었는데
날 꺾어 가는 거 부끄럽지 않나요

들꽃의 비아냥거림이
집에까지 따라온다

동백꽃의 앙갚음

아파트 산책길
입 벙긋 연 동백꽃 한 송이
몰래 꺾어 왔다

우리집 가서 활짝 꽃 피우자

앙갚음인가
입 앙다물고 끝내 피어 주지 않는다

너와 나의 대치는 끝났다
그래 너가 이겼다
다신 이러지 마세요. 너의 말에
그래 안 그르께
가슴으로 응답한다

2 물에게

바닷가에서

쇠미산에게

방 밖을 나갈 수 없다
코로나19로 격리된 공간
병실 창밖으로 마주보는 산
쇠미산

가늘고 긴 팔 벌려
안아주며 속삭인다
힘내세요
견디세요
우린 말 없이 있어도
지키고 있어요
어디 가지 않아요

몸보다 맘을 더 옭아맨
이 오랏줄이 풀리는 날
꼭 너를 찾아갈게 다짐한다

노을

용암이 분출했나
온 하늘은
붉게 성냈다
얼굴이 붉으락 푸르락

물에게

너의 천성은 변함없는 똑같은 것이었다
태고의 혼돈 속에 우주가 열렸을 때
"물이 있으라"는 신의 목소리에
넌 빛 다음으로 태어났다
그 뒤로 시간도 잊고 공간도 넘고 지금껏 살고 있다
컵에 담기면 한 컵의 물이 되고
시내로 가면 시냇물이
우물에 가면 우물물이 되었다
100°c의 끓인 물이 되어 생명을 잃어도
파도치는 바다에 가면 힘찬 파도로 다시 살아난다
세모꼴의 그릇에 담기면 세모꼴이
네모꼴의 그릇에 담기면 네모꼴이 된다
그건 너의 변덕스런 가변성이 아니라
무한한 가능성이다
물아
놀라운 것이 있다
넌 새로운 생명을 얻어 나날이 새로워
오늘 흐르는 냇물도 어제의 물은 아니지
기화되어 구름 위에 떠돌다가

이 땅에 물로 다시 태어나는 너

죽었으면서도 살아 있고
살아 있으면서 새롭게 사는 너를 보면서
살아 있으면서 죽은 나는 아닐까
생각해 보고
죽어서도 살 수 있는
나의 길이 무엇인가 생각해 본다

루마니아의 우물

우물을 먼저 만들고
집을 짓는다

물이 살 물의 집을 먼저 짓는다
그 뒤에
사람이 살 사람의 집을 짓는다

루우마니아의 우물은
그래서 신당 같다
작은 신사 같다

왜 그렇게 지을까
궁금해 물으러 다시 갈까

궁금하지
어서 와 가르쳐 줄게

납골당에서

실로암 추모공원
납골당에서 보았다

유리 진열장 속
작은 유골 항아리
그 앞에 놓인
아이가 쓴 편지글

'할아버지
밥 잘 챙겨 먹고
건강하세요

밥 잘 먹으세요'

하늘나라에 계신 할아버지
손주 녀석 편지 읽고

웃으실까
눈물 지으실까

응답하라 감자꽃아

먹지 않아 던져 둔 감자
싹 났다
싹 난 감자 독성 있어 못 먹는다지
버리려다 맘 바꿨다

큰 컵에 물 붓고 감자 넣고
살든 죽든 길러 보기로

싹 나고 줄기 생기고 잎 달고 키 자라더니
하얀 꽃 피운다

세 송이더니 다섯 송이
참 예쁘다

응답해줘 감자야
너가 바라는 참 사랑이 무어냐

널 먹어 내 안에 들어오는 거니
먹지 않고 잎 피워 꽃 피우는 널
바라보아 주는 거니

감자꽃이 중얼거린다
내가 꽃 피우는 건 감자가 되기 위해서에요

고백
– 통도사 서운암 장독대의 된장이

우리가 왜 맛이 있느냐고요

아시잖아요

소문난 물맛
햇살의 손짓이 달라요
바람의 목소리 냄새도 다르고
밤에 내리는 별들의 눈짓도 달라요

우린 여기에다
솔향내에 법향도 섞고
도량석 소리에 신새벽을 맞이하곤
종일 마신 도량의 기운도 넣고
들은 법문 종소리 법고 소리도 버무려요

낮에 흘리고 간 한숨과
밤의 적멸과 고독도 삭여요

이 모두가 발효된 맛
'자비'의 맛일 거예요

그래서 먹으니 속이 편안하죠
위와 가슴이 함께 편안해지는
장맛이 된 거죠

선암사에서 온 이끼

전남 조계산 동쪽에 자리한
한국의 산지 승원 선암사

숲속 바위 위에 앉은
탐스런 이끼를 캐어 왔다
부산 가서 함께 살자고

물 괸 화분 돌 위에 올린 이끼
며칠 뒤에 보니 이끼 속의 낯선 손님
고개 내민 잎 달린 풀
날이 갈수록 키도 크고 잎도 는다

이끼가 심심할까봐 따라 왔나
이끼 몰래 숨어 도시 구경하러 왔나

풀과 이끼 서로 마주보며
잘 자란다

조계산의 솔향이

계곡의 물소리가
선암사 스님의 독경 소리가
그립다고 속삭일까

나이아가라 폭포에게

고마워
물보라로 맞아주어서

너가 끼얹어 준 물보라는
세상의 번뇌 속진을 다 씻고 가라는
물세례
너의 친절한 손길이었어

깨끗해진 마음으로 돌아가
맑고 건강한 삶을 살게

그러다 다시 만나는 날
넌 변함없는 큰 목소리로 노래하며
넓은 팔로 반갑게 맞아 주겠지

그날을 기다리며
그때까지 안녕

캐나다 나이아가라 폭포에서
물보라를 맞았다

백마강이 묻는다

낙화암에 올라
절벽 아래 흐르는 백마강을 본다

가슴이 시려 온다

망국의 설움 안고 절개 지켜
백마강에 몸 던진 백제의 궁녀들
전설도 설화도 아닌
살아 숨쉬는 역사

본래 이름 타사암 두고
뒷날 낙화암으로 불렀네
꽃처럼 떨어진 아름다운 죽음이라고

그날의 백마강이
오늘도 훌쩍이며 흘러간다

흘러가며 바라보는 나에게 묻는다
너가 그날 그 자리에 있었다면
너도 몸을 날렸을까

길에서 주워온 말

산을 타러 가십니까
산을 태우러 가십니까

지금 커피가 땡긴다
괜찮아 커피는 살 안쪄

맛 있는 게 많아요
우리 시장 끝내줘요

죽은 척 하는 오징어
완전 국산

해무침 막걸리 소주 적힌 식당 간판
해를 무친다고
회무침인 줄 알지만
재미나 웃었다
하늘의 해도 따라 웃네

그냥

난 '그냥'이란
우리 말이 참 좋아

그냥이란 말이
왜 좋은데
친구가 물었다

그냥이 그냥 좋은 거지
설명 안 돼
설명 못 해
이유 없어

그래서 그냥이 그냥 좋은 거야

모르겠다

아침마다 산책길에서 만나는
길섶의 잡초
좁쌀보다 작은 하얀 꽃 피웠다
혹한에도 얼지 않고 생생하다

꺾어 와 작은 꽃병에 꽂았다

추운 곳에 살다가
따뜻한 우리집에 와서 좋지

찡그린 건지
웃는 건지

고마와하는지
원망하는지
모르겠다

통도사 연잎차를 마시며

연잎차를 마신다

연둣빛 차향이다
영축산 숲향이다
서운암 법향이다

연못 속 진흙 속에도
깨끗한 연잎 너

너를 마시며
나도 배우려
너에게 묻는다

속진에 물들지 않는
길은 어떻게 찾느냐고

늦게 핀 연꽃

통도사 염불암에서 사명암 사잇길
암자 옆 연꽃밭에 왔다

꽃은 다 지고 없겠지
그런데 꽃 몇 송이 피어 반긴다

게을러 늦게 핀 꽃인가

빨리 피고 싶었지만
꾸욱꾸욱 참고 일부러 늦장부렸죠
늦게 오는 당신을 맞으려고

영축산이 가르쳐 준 보리심인가

마른 풀잎의 말

창밖으로 보이는 좁은 화단에
이제 말라 시든
강아지풀과 엉겅퀴가
바람에 춤추고 있다

저것도 또 다른 생명일까

마른 풀잎이 몸 흔들며 말한다

이 몸짓 또한
끝내 버릴 수 없는
또 다른 생존 증명이라고

습설이

무거운 눈
사뿐이 가볍게 내려 앉는
순한 눈이 아니다

성냈다
화냈다
내 슬픔의 눈물이
얼어서 무거워졌다

제 정신 아닌 기후 탓
이런 기상 만든 인간 탓

가벼운 몸으로
포근하게 내려앉고 싶다

손뼉치는 아이들의
웃음소리 듣고 싶다

꽃들이 기뻐서

물뿌리개로 화분에 물을 준다

온몸을 흔든다

난 물에
잎들이 꽃이 휩쓸린다 생각했다

아니었다

기쁨으로 통통거리는 거였다
온몸으로 흔들며 추는 춤이었다

3 바람이

제주의 바람

많은 사람이
제주에 와서
바람의 혼을 찾고
더러는 옷을 입혔다

바람이

베란다 창문을
열어 두었더니

구름에 기대어
추위에 떨고 있던
바람이

방안에 들어와
웃으며 놀고 있다

운석의 고백

난 별로 살았어
하늘에서 바라보았지
내려다본 게 아니야
땅이 아름다웠어
바닥에 누워 보고
흙냄새를 맡아 보고도 싶었어

별도 땅에 떨어지면 돌이 되지
운석

몸을 날렸어
내린 곳이 합천군의 초계, 적중
5만 년 전의 일
몸 던져
거대한 구덩이를 파고
호수가 되었다가
기름진 생명의 땅이 되었어

빛난 별로 살지 않고

유성도 아닌

운석의 삶 보람 있어

눈불개

잉어과
유속이 완만한 큰강 하류에 서식
눈이 붉어 눈불개라 불린다
먹이, 강냉이 아주 잘 먹음

강 옆 편의점 벽에서 읽었다

편의점 아래 흐르는 강에
눈불개들이 오글오글 살고 있다
헤엄쳐 나가지도 않고
가게에서 사 던져 주는 강냉이와
뻥튀기만 먹는다
입맛 고정이다
편식하는 도시 아이처럼

가게 주인 수입 돕는
의리 있는 충복인가
아름다운 동행인가

편의점 아래 강에서
오골오골 살고 있는 눈불개들을 보았다

이젠 없다

어렸을 때
돈 한푼 얻으면
쪼르르 달려간
구멍가게

거기서 사 먹던
과자의 달디단 맛과
친구들과 재잘거리던 잘디잔 재미와
들썩이던 신남은
이제는 없다

요즘 아이들은 없다

내 유년의 콩콩 뛰는 발자국 소리
어디선가 들려온다
재잘거리는 웃음소리 섞여 들린다

새로운 풍경

길을 걷다 보면 종종 만난다

길 위에 떨어져 있는 마스크

떨어진 풀잎
꽃잎이나 낙엽도 아닌
마스크

누군가의 입을 막아 주었던 마스크가
침묵으로 굳어 버린 말들을 깨문 채
던져져 있다

두고 온 꽃

실로암 공원묘원에 잠자고 있는
그를 만나러 가는 길
꽃망울 많이 맺힌
카네이션 화분 두 개를 샀다
조화 아닌 생화만 둘 수 있는
묘원의 규칙에 생명 있는 꽃으로 생기가 난다

화분 하나는 그의 묘소에 두고
화분 하나는 집에 가져왔다

꽃망울 터진 화분의 꽃을 보면서
그곳에도 피었겠지 속마음 중얼거림에
공기 맑은 곳이라 더 많이 피었지
응답하는 그의 목소리 들리는 듯하다

언제가 언제

오랫만에 길에서 만난 친구
헤어지며 하는 말
우리 언제
한 번 만나
밥 한 번 먹자

그래
언제

가깝고도 먼 말
진하고도 흐릿한 말

언제는
잡는 사람 없이
홀로 떠내려가는 말

언제가 언제

영양제 주사 맞은 날

효성심 깊은
의사인 내 친구 아들
엄마 친구인 나까지 영양제 주사 준다

팔에 링거 꽂고 누웠다
영양가 높은 식재료에
정성과 사랑으로 버무린 음식들로
가득 차린 밥상 한상 받았다

다 맞기도 전에
배가 부르고
가슴도 가득찬다

편안하다
잠이 몰려온다

몰려오는 잠 속에
나비 한 마리 날아든다

바쁘게 달려와

벚꽃이 만개했다
남김없이 터뜨렸다

열흘이나 빠르게 핀 게
10년 만이라지

코로나로 얼룩진 잿빛 가슴을
분홍빛 꽃그늘로 덮어주려고

바쁘게 달려와
위로해 주는
너희 꽃들의 미소가 향기롭구나

문지기

닫혀 있는 문앞에 서 있는
향기 품은 예쁜 꽃
소복이 피어 있는 화분

꽃 사진전

문지기로 서 있지만 막지 않아요
내 향기가 불러들여요
그래요 나의 향기 닮은
해맑은 마음 가지라고
문지기로 서 있어요

사진 속의 꽃이 말한다

늙어서

흉보지 마라
예의 없다고

자기 말부터 하려고
말하는 중에도 끼어들어
남의 말 토막내는 건
자기 입에 물고 있는 말
놓칠세라
꺼낸 생각 지워질세라
맘 급해 서두르는 게야

늙어서 그런 거야

흉보지 마라

너와 함께

낙엽 하나 주웠다

할 일 다 끝내고
땅에 등 대고
편안히 누워 쉬던 낙엽

지나온 너의 한 해 삶
들어보고

지나온 나의 한 해 삶
들려주고

가는 해를
너와 함께 전송하자고

다육이의 전송가

집 떠나 여행길 나서며
베란다 화단에 갔다
건강하게 잘 살라고 인사하러 갔는데
이름 모르는 다육이가
노란 꽃 피워 전송한다

어제까지 못 봤는데
떠나는 주인 위해 밤새워 꽃 피웠나

고마워 다육아
잘 다녀올게
너의 전송가에 화답의 입맞춤을 보낸다

산과 나무

산에 오르면
산바람이 나무를 흔든다

산은 나무와 어울려
울음 운다

바다에서 밀려오는
파도 소리 닮았다

내려오다 생각하니
산은
나무와 어울려 운 게 아니라
노래 부르고 있었네

까마귀가

까마귀가 운다
까마귀가 노래한다

웃으며 노래하는가
울며 우는 건가

까마귀가 하는 말

웃고
우는 건
듣는 당신들 마음이지

우린
그냥 지저귀는 것일 뿐

빙하의 울음

빙하가 운다
수천 년을 기다렸다
난 어머니 물한테로 가련다

천 년의 울음을 울고
순백의 가슴을 노을로 물들였다

절벽에서 몸을 날려
호수로 무너져 내려
물로 되돌아간다
어머니를 찾아간다

난 어머니 물한테로 가련다

햇살과 나무

밤 내 흘린
나무의 눈물을 닦아 준다
안아 주고 함께 웃는다

밤 내 어둠을 주워 먹고
밝은 햇살로 밥 먹인다

햇살로 밥 지어 먹은
농부의 웃음 닮아
햇살 먹은 나무
웃음꽃 핀다

4 아 여기 참 모습

섬진강에선

섬진강
벚꽃 20리

낙동강은
피가 흐르고
역사가 숨쉬는 산문의 강

섬진강은
꽃잎이 흐르고
노래를 부르는 운문의 강, 시의 강

낙동강에선 땀을 씻고
섬진강에선 눈물을 훔치네

그린 카펫

제주도 올레길
이끼가 만든 길

그린 카펫이다

이 길을 걷는 난
레드 카펫 위를 걷는
스타보다 높은 공주

가슴 내밀며 걷는 나에게

나무에 앉아
노래하던 산새도
그래 맞아 맞장구 친다

오륙도에서

너를 말하네
넌 한국의 관문
생명이 살아 숨쉬는 섬
생명을 키우는 해양보호구역
국가지질공원
말없이 부산을 지켜온 파수꾼이라고

너의 이름 오륙도
보는 이의 눈길 따라
다섯 개로도 여섯 개로도 보이는 섬

너희들의 이름을 불러 본다
바람과 파도를 막아 주는 방패섬아
섬 꼭대기에 소나무가 있는 솔섬아
수리류가 많이 찾는 수리섬아
새들의 안식처 굴섬아
10초에 한 번씩 불 밝히는 등대섬아

너희 모두는 부산의 자랑
땅 위에서 바닷속에서 생명을 키우며

한국을 부산을 지켜다오

해파랑길 대장정이 출발하는
이곳에 서니
내 마음은 750km를 달려
종착점 통일 전망대에 선다

이기대

만나러 간다
외로운 두 기녀가 목숨 바친 곳이라
이름하여 〈이기대〉

황령산에서 뻗은 장산봉이
동해바다로 이어진 곳
해안 절벽과 기암괴석이 아름다운
해안 절경의 으뜸

동생말을 지나
해녀 막사
돌개 구멍이 있는 너른바위
그 뒤 암벽에 음각으로 새겨 있네
〈二妓臺〉 세 글자

두 기생 난이와 경아 자매
조선 왕조 임진왜란 때
주색에 빠진 왜장 둘을
치마 풀어 얼굴 감싸고 함께
바닷속으로 뛰어들었던 곳

논개의 넋은 남강 사당에 남아 기리나
사당은 없어도
의로운 이름으로 기려진다고
철썩이는 파도가
먼 지평선이
괭이갈매기가
길섶의 강아지풀이
입 모두어 말한다

두 기녀 자매의 의로운 죽음을
만나러 간다

그래야 보여요
-통도사 구룡지에서 듣다

통도사 창건설화가 담긴
작은 연못 구룡지

자장율사의 허함으로
아홉 마리 용 중 남아 살고 있다는
용 한 마리

이 구룡지에 정말 살까
속으로 중얼대며
내려다본다

연못 위에 노닐던 빨간 금붕어
입 벙긋 벌려 말한다
살고 있어요
믿음의 눈으로 보세요
그래야 보여요

하얀 꽃 피운 수련
옷깃 여미며 덧붙여 속삭인다

텅 빈 마음으로 보세요
그래야 보여요

청도 운문사에서

일천오백 년 된 고찰
오백 년 된 소나무가
큰 팔 벌려 안아 준다
막걸리 12말을 마신 기운인가

뒷뜰 화랑공원
세속오계를 외어 보아라
원광법사의 목소리 들린다
사군이충
사친이효
교우이신
살생유택
임전무퇴
읊조리며 걷는 나의 귀에
큰소리로 복창하며 발 맞추는
화랑의 발자국 소리 듣는다

세속오계 실천도 따라야지
그러시는 원광법사의 말씀 들린다

파리야 극락 가라

전남 조계산 동쪽에 자리한 한국의 산사
산지 승원인 유네스코 문화유산 선암사

측간(厠間)에 앉았다

보통 화장실이 아니다
건물도 문화재 자료 214호
화장실 건물로써 우리나라에서 단 하나
문화재로 지정된 곳
일백 년이 넘는 나이에
이름도 예스러운 측간이구나

파리야 극락 가라!

벽에 붙은 스님의 발원문
그 글 읽고 떠났는가

청량감 도는 화장실이
작은 암자 같네

황묘농접黃猫弄蝶을 보면서

단원 김홍도의 그림 앞이다
〈황묘농접〉
노란 고양이가 나비를 놀린다
제목이 재미있다
간송미술관에선 〈나비의 입맞춤〉이란
제목을 달았다

봄빛 내린 풀밭
봄빛 닮은 주황빛 아기 고양이와
긴 꼬리 검푸른 파란 나비가
서로 내려다보고 올려다보네

봄날보다 다사로운 정겨운 풍경
바위 옆 패랭이꽃도
하나 되어 활짝 웃네

한참을 바라보는 나도
한 마리 나비 되어 팔랑팔랑 춤추며

그림 속의 풍경 되네
〈나비의 꿈〉을 꾸는 장자처럼

아 여기 참 모습

통도사 '명월료'에서
영축산 야생버섯 사진전을 보았네

'아 여기 참 모습'은
방장 성파스님이 버섯을
자연의 참모습(진면목)으로 보고 지은 전시회명

영축산은 세계에서 드문
고산 습지를 가진
버섯 생태계의 보고라네

놀라워라
작은 몸이 피워낸 제각각의 아름다움
모양 따라 불려지는 이름도 예쁘네
새둥지버섯, 접시그물버섯
팽이술잔고무버섯, 애기젖버섯 등

알맞은 생태 조건만이 지은 작품일까
아닐 거야

난 들었네
법고 소리 법종 소리 법문을
귀 기울여 듣고 자란
작은 생명들의 아름다운 찬불송을

사진 아닌 참모습을 찾아
영축산을 오르리라 다짐하며 나왔네

대구 간송미술관에서
– 〈여세동보〉 세상 함께 보배 삼아

국보와 보물인 문화재를 본다
간송 전형필이
억만금의 전재산 다 바쳐 지켜낸
민족 문화 유산

불상, 도자
전석
회화와 서예
유네스코 기록 유산인 훈민정음에

오롯이 담겨 있는 민족 얼
작품 속에 떠오르는 미소
간송의 땀과 눈물을 만난다

국보 보는 행복감 속에
가슴 한켠 번지는 싸늘함

"제 글씨는 아직도 부족함이 많습니다
칠십 년 동안 벼루 10개를 밑창 냈고

붓 천 자루를 몽당붓으로 만들었습니다"

글 속의 추사 김정희가 나에게 물었다

넌 글쓰기에
몇 자루의 펜을 날렸나?

노도에 가면 1

노도에 왔다
서포 김만중의 마지막 거처였던 유배지

선착장에 내리니
「자기 나라 말을 버려 두고
남의 나라 말로 시문을 짓는 것은
앵무새가 사람의 말을 하는 것과 같다」

제 나라 말과 글을 사랑하라는 〈서포만필〉의
글귀가 마음을 만진다

가파른 비탈길을 올라
그가 살았던 초옥
그가 팠던 샘물
그의 시신이 묻혔던 허묘를 본다

비었지만 비어 있는 게 아니다
섬의 유배객 아닌
섬의 주인 되어 나를 맞는다

섬에 갇힌 죄수가 아니라 산신이라 노래하고
동지冬至의 찬바람 속에서
봄이 오는 소릴 들은 초월적 삶이
절망 속에 핀 꽃
유배문학으로 승화되었네

노도에 가면 2

섬 속의 섬
절해 고도

지금도 그 섬에 가면
큰 선비의 글 읽는 소리 들린다
먹 내음이 난다

이 섬에 유배되어 3년
이 섬에서 그는 바람이 되었네

절절한 외로움 허무감의 울타리 안에서
유복자로 어머니를 향한
앵강만의 지는 노을보다 붉은 그리움이
노래가 되었네

노도를 걸으며 사모곡인 그의 사친시思親詩를 듣는다

〈오늘 아침 어머님 그립다는 말 글로 쓰려니
글자 되기도 전에 눈물이 이미 흥건하구나

몇 번이나 붓을 적셨다가 도로 내던졌던가
문집에서 남해시는 비워 두어야 하리〉

절망을 허무함을 문학으로 꽃 피운 섬
외로운 섬 노도는
이제 외롭지 않은 문학의 섬이 되었네

함벽루에 올라

늦게 찾아와 미안하다

황우산을 등에 지고
푸른 절벽을 품었다

누각에서 바라보는 황강 정양호의 미소가
시인, 묵객, 학자를 불렀다
옛 시간이 멈춘 곳
퇴계선생 남명선생
〈함벽루〉 현판을 쓴 우암선생도 만났다

아쉽구나
잃어버린 빗물 떨어짐의 운치
누각 처마의 물이
바로 떨어져 황강으로 갔는데
이제 새로 생긴 테크길로 가겠구나

조식 시 〈함벽루〉를 듣는다

남곽자처럼 무아지경에 이르지 못해도

강물은 아득하여 알 수 없구나
뜬구름이 일을 배우고자 하나
오히려 높다란 바람이 흩어 버리네

다시 찾아올게

도은트 수로水路에 서서

도은트 수로
유엔기념공원에 가면 만나지
좁지만 맑은 물길

열일곱의 호주 소년병사 도은트
이 공원에 잠든 가장 나이 어린 전사자
그를 애도해 그의 성을 따서 지은 이름

발길 못 떼어
한참을 내려다보는 나의 눈에

열일곱 살의 풋풋함
거기 담은 자유와 평화를 위한 열정이
세찬 강물 되어
대양으로 흘러가는
그림으로 살아난다

머리로 치는 목탁

머리로 치는 목탁을 만났다
전남 보성군 천봉산 아래
천년 고찰 대원사에서

절 입구 연지문蓮池門에 매달려 있는
거대한 목탁
이름도 왕목탁이다

머리로 치면서 문을 지나며
문기둥에 붙은 발원문을 읽는다

나쁜 기억 사라져라 나무아미타불
나의 지혜 밝아져라 나무아미타불
나의 원수 잘되거라 나무아미타불

머리가 얼얼하다
머리로 쳤는데 가슴까지 얼얼하다

나를 깨우려고
목탁이 나를 때렸구나

해설

적자지심赤子之心의 시학
-정신자의 시세계

박 대 현
문학평론가

1. 시인과 적자지심(赤子之心)

 정신자 시인은 필자가 초임으로 근무했던 학교의 교장이었다. 부산 남구 용당에 위치한 자그마한 여자중학교. 해마다 봄이면 진입로의 벚꽃이 눈부시게 피었고, 운동장에서 중앙현관으로 이어진 계단 그늘망에는 등꽃이 피어 주렁주렁 달려 있곤 했다. 그곳에서 3년을 함께 근무했었던가 싶다. 이미 많은 세월이 지났지만, 그 시절은 기억 속에 아름다운 풍경으로 남아 있다. 그곳에서였던가. 시인은 대학 시절에 썼던 시들을 나에게 보여준 일이 있었다. 빛이 노랗게 바랜 노트에 정갈하게 씌어진 시들이었다. 이십 대 청춘의 감각으로 가득한 그 시들을 읽고 시인으로서의 면모를 발견한 일이 선명한 기억으로 남아 있다.

　시인은 몇 년 후 첫 시집『갠지스에선 아무도 울어선 안 된다』(2009)를 상자한다. 일상의 감각과 서정의 깊이가 조화를 이루는 시집이다. 그 이후에도『그냥 가자』(2016)와『세월이 물이다』(2020)를 세상에 내보냈다. 첫 시집이 나오기까지 그의 시는 노트 속에서 고요한 잠을 자고 있었으나, 시집 출간을 통해서 그의 언어는 세상에 빛을 보게 되었다. 그리고 지금도 새로운 시들이 그의 노트 속에 굵은 연필심으로 기록되고 있을 것이다. 시인이 출간한 세 권의 시집은 시인의 마음속에 석순처럼 자라났을 수많은 시들 중 일부에 지나지 않을 것이다. 시란 그런 것이다. 시인의 몸과 마음속에 무한히 자라나고 있을 시들 중 일부가 언어의 옷을 빌려입고 세상에 그 표정을 드러내는 것이다. 이 시집 또한 언어의 옷을 빌려 입은 시인의 몸과 마음이라고 말하고 싶은 이유다.

　시인의 시를 한 마디로 정의하자면, 적자지심赤子之心의 시학이라고 할 수 있다. 맹자는 아이와 같은 순수한 마음을 적자지심으로 표현한 바 있다. 이는 꾸밈이나 거짓, 욕심이 없는 아이 본연의 상태를 가리키는 말로, 맹자의 '성선설'에 그 뿌리를 둔다. 시인의 언어는 수사적 언어의 과잉으로부터 훌쩍 벗어나 있다. 꾸밈없는 순수한 언어로 일상의 풍경과 생활 정서를 친근하게 드러내고 있는 것이다. 시인의 시는 아이처럼 세상을 경이롭게 바라보는 순수한 감성과 세속적 집착에서 벗어난 고요한 관조가 만나는 지점에서 완성된다. 이는 세속적 욕망과 인위적 기교를 걷어내고, 존재의 본질과 세계의 진실을 가장 맑고 투명한 언어로 길어 올리는 시의 궁극적인 지향점이라 할 수 있다.

2. '돌'의 묵언과 성찰

적자지심赤子之心은 시에서 구현되는 시적 자아의 이상이라고 할 수 있다. 시인은 적자지심이라는 시적 경지를 지향하지만, 시인은 세속을 살아가는 일상적 차원의 존재가 아닐 수 없다. 바로 여기서 시적 자아와 일상적 자아의 충돌과 균열이 발생한다. 이러한 충돌과 균열은 단순한 괴리를 넘어 깊은 자기 반성을 추동하는 시학의 중요한 동력이 된다. 다시 말해 시적 자아와 일상적 자아의 균열은 시인의 자기 반성과 더불어 보다 깊고 진솔한 시의 세계로 추동하는 힘이 된다. 삶의 순수를 형상화하는 시적 감성은 고통스러운 자기 반성을 주춧돌로 삼고 있는 것이다. 적자지심의 근저에는 스스로의 삶을 돌아보는 자기 성찰이 자리한다.

> 나는 원래 엄청난 수다쟁이
> 할 말이 너무 많아
> 입을 닫았다
>
> 이제 듣기만 한다
> 온몸으로 듣는다
>
> 우리가 생각이 없다고
> 아냐
> 생각이 너무 많아 속으로 뭉친 것을
>
> 돌이 운다는 말 들어 보았니
> 우린 안으로 안으로 슬픔을 다지지
>
> 침묵도 소리란 걸
> 큰 말인 걸
> 처음부터 알았지
>
> 말이 많았네
> 수다 이만 줄일게
>
> — 「돌멩이의 변」 전문

이 시집에서 인상적인 이미지는 다름 아닌 '돌'이다. 시인은 동양적인 전통에서 '돌'은 오랜 세월 응결된

단단한 사유의 결정체로서의 의미를 지닌다. '돌'은 인간의 사유가 도달하게 되는 궁극의 이미지라고 할 수 있다. 하지만 시인에게 '돌'은 사뭇 다른 의미로 다가온다. '돌'에게서 슬픔의 이미지를 발견하고 있는 것이다. 오랜 세월의 슬픔과 고통, 그리고 한(恨)이 '돌'에 스며 있다. "생각이 너무 많아 뭉친 것"이 바로 돌이다. "원래 엄청난 수다쟁이"였음에도 "할 말이 너무 많아/ 입을 닫"은 것은 무엇 때문일까. 삶에는 해결되지 않는 고통과 슬픔이 너무 많다는 뜻은 아닌가. "우린 안으로 안으로 슬픔을 다지지"라는 문장에서 알 수 있듯이, "수다"에서 "침묵"으로의 변화 과정에서 오랜 시간 응결된 통증이 배어난다. 그러니까 이 시는 '돌'의 전통적 의미에서 벗어나, 해결되지 못한 채 지속되는 삶의 고통과 불행, 그리고 한을 드러내는 시로 읽히게 된다.

  '돌'을 제재로 한 다른 시 「돌이 나에게」는 이런 해석을 뒷받침해 준다. 돌이 시인에게 말을 건네는 형식의 이 시는, '돌'을 "통곡하지 않고/ 꼭꼭 누른/ 콕콕 다진" "곡진 울음"으로 묘사한다. '돌'은 시인의 자기반영적인 사물이자 분신인 것이다. 이처럼 돌은 영원성이나 불변성과는 무관하다. 오히려 시인의 불완전한 내면을 암시한다. 삶의 불완전성은 성찰의 대상이 아닐 수 없다. 길섶에서 꺾어온 풀꽃으로부터 들리는 "너는 뭘 했느냐"는 목소리는 시인의 내면에서 울리는 자기성찰적 목소리라고 할 수 있다. 그래서 시인은 "반성문을 쓴다"는 고백을 한다. "제 몫을 못다한/ 지난 나의 날들이 부끄럽다고"(「반성문을 쓴다」) 이 시집에는 '부끄러움'에 대한 고백이 자주 등장한다. 무심코 들꽃을 꺾는 일상적인 행위에 대한 부끄러움(「생일이잖아요」), 혹은 보성 대원사 어린왕자 선문학관에서 되뇌는 삶의 전반에 대한 부끄러움뿐만 아니라, 과거의 구체적인 사건에서 비롯된 부끄러움을 고백하기도 한다.

  40년도 더 지난 오래전의 일
  아직도 오른쪽 손바닥이 기억하는
  감각이 있다

  여교사 시절에 준 체벌
  말썽 부린다고 맨손바닥으로 때린
  여학생의 뺨
  때리고 난 뒤의 후회스런 당혹감
  내 손바닥에 붙어 버렸다

  어른이 된 그 아이는
  뺨의 아픈 순간을 기억하고 있을까

추억이 되지 못할 기억

이제 생각하면
체벌을 준 게
체벌을 받은 기억으로
얼굴 바꿔 내민다

– 「오른 손바닥의 기억」 전문

  이 시는 교사로 재직하던 시절 학생에게 체벌을 가했던 일을 다룬다. 불현듯이 엄습하는 기억은 유쾌하지 않은 정서를 동반하는 경우가 대부분이다. 슬프고 고통스럽고 부끄러운 기억이 보이지 않는 곳에 똬리 틀고 앉았다가 고개를 쳐들고 마음의 평온을 깨물곤 한다. 지금은 체벌이 금지되었으나, 그렇지 못했던 때가 있었다. 체벌이 교육의 방편이었던 시절 말이다. 과거의 교사들 중 체벌로부터 자유로운 이들이 있을까. 체벌이 열 마디의 말보다 손쉬운 교육 수단이었던 것도 사실이다. 하지만 시간이 흘러 "오른쪽 손바닥이 기억하는" 체벌의 "감각"이 시인을 괴롭게 한다. 당시에도 "후회스런 당혹감"이 곧바로 밀려왔으나 수십 년이 지난 지금에도 여전히 시인을 부끄럽게 하고 아프게 한다. "체벌을 준 게/ 체벌을 받은 기억으로/ 얼굴 바꿔 내"밀고 있는 것이다.

지나간 일은 되돌이킬 수 없다. 되살아나는 기억 속에 번민하고 후회하고 반성할 뿐이다. 삶이란 번민과 후회, 그리고 반성의 불완전한 연속체다. 인간의 성정과 그로부터 비롯되는 삶이 불완전한 것인 만큼, 인간은 타자와의 갈등 속에서 크고 작은 과오를 자주 저지르기 마련이다.

혹은 근본적으로 생각하자면, 우연히 탄생한 생명 자체가 다른 생명을 취하지 않고는 살 수 없는 법이니, 살아 있는 것 자체가 그러한 죄악을 품고 있는 것인지도 모른다. 이 시집의 첫 편에서 "새 생명 얻은 싹난 고구마를" "싹뚝" 자른 행위에서 죄책감을 느끼거나(「싹난 고구마에게」) "토끼털 넣은 코트"에서 죽은 "토끼의 음성"을 듣는 것(「변명」)은 시인의 심성에서 보자면 당연한 일이다. 삶은 크고 작은 죄과를 쌓는 일이다. 그러고 보면 시인의 내면이 '돌'로 굳어갈 수밖에 없는(「돌멩이의 변」) 이유를 알 수도 있겠다. 시인은 번민과 후회, 자책으로 가득한 '돌'의 마음으로 "내 삶의 시간들을 반추"(「거짓말을 모른다」)하고 있는 것이다.

3. 물의 본성과 섭리

시인은 시집을 통해서 자신의 삶을 되돌아보고 성

찰하고 있지만, 거기서 머물지 않고 세상과의 적극적인 대화를 시도한다. 빈번하게 사용되는 적극적인 질문의 형식을 통해 세상의 풍경에 대해 시적 사유를 적극적으로 개진한다. 시인 나름의 확고한 정답을 제시하지 않고 능동적이지만 겸손한 태도로써 세상을 아우르는 삶의 지혜를 찾아가는 내면적 탐구의 여정을 보여준다. 물에 대한 사유를 드러내는 다음 시를 보자.

> 너의 천성은 변함없는 똑같은 것이었다
> 태고의 혼돈 속에 우주가 열렸을 때
> "물이 있으라"는 신의 목소리에
> 넌 빛 다음으로 태어났다
> 그 뒤로 시간도 잊고 공간도 넘고 지금껏 살고 있다
> 컵에 담기면 한 컵의 물이 되고
> 시내로 가면 시냇물이
> 우물에 가면 우물물이 되었다
> 100℃의 끓인 물이 되어 생명을 잃어도
> 파도치는 바다에 가면 힘찬 파도로 다시 살아난다
> 세모꼴의 그릇에 담기면 세모꼴이
> 네모꼴의 그릇에 담기면 네모꼴이 된다
> 그건 너의 변덕스런 가변성이 아니라
> 무한한 가능성이다
> 물아

놀라운 것이 있다
넌 새로운 생명을 얻어 나날이 새로워
오늘 흐르는 냇물도 어제의 물은 아니지
기화되어 구름 위에 떠돌다가
이 땅에 물로 다시 태어나는 너

죽었으면서도 살아 있고
살아 있으면서 새롭게 사는 너를 보면서
살아 있으면서 죽은 나는 아닐까
생각해 보고
죽어서도 살 수 있는
나의 길이 무엇인가 생각해 본다

-「물에게」전문

  우주가 창조되었을 때 생성된 물은 그때나 지금이나 변함없는 성질을 유지한다. 그것은 "물의 천성"이다. "물이 있으라"라는 신의 목소리에 "빛" 다음으로 태어난 물은 여전히 변함없는 천성을 간직하고 있는 것이다. 물은 외적 형태를 수없이 뒤바꾸면서도 물이라는 본질적 속성을 잃지 않는다. 물은 불변의 성질을 간직한다. 시냇물, 우물물, 바다의 파도, 한 컵의 물 등과 같이 물의 형태는 "변덕스런 가변성"을 지닌 것 같지만, 그것은 오히려 이 세계 속에서의 "무한한 가능성"을 의미하기도 한다. 시인이 감탄하듯, 물이

"기화되어 구름 위에 떠돌다가/ 이 땅에 물로 다시 태어"난다는 사실은 "놀라운 것"이다. 물은 무한한 가능성을 실현하는 과정에서도 자신의 본질적 속성을 잃지 않는다. 시인의 직관은 바로 그 지점을 사유한다. 물은 "죽었으면서도 살아 있고/ 살아 있으면서 새롭게" 살아난다. 물은 지속적인 자기 갱신을 이룬다. 대부분의 인간은 "살아 있으면서/ 죽은" 상태다. 세상을 살아가면서 자신의 본질을 잃고 사는 경우가 허다하다. 회복해야 할 본성이 무엇인지도 모른 채 살아간다. 물에 대한 사유는 "살아 있으면서 죽은 나는 아닐까"라는 존재론적 성찰을 "죽었어도 살 수 있는 길", 즉 "나의 길"로 천착하는 일이 아닐 수 없다.

 시인에게 물은 신성성을 지닌다. 천지창조 신화에서 '하나님의 영'이 수면 위에 운행했듯이, 물은 시인에게 영원성과 불변성을 의미하며 생명의 원천이기도 하다. 나아가 거룩함과 신성성을 상징한다.

   우물을 먼저 만들고
   집을 짓는다

   물이 살 물의 집을 먼저 짓는다
   그 뒤에
   사람이 살 사람의 집을 짓는다

루마니아의 우물은
그래서 신당 같다
작은 신사 같다

왜 그렇게 지을까
궁금해 물으러 다시 갈까

궁금하지
어서 와 가르쳐 줄게

— 「루마니아의 우물」 전문

　물은 생명의 원천이다. 집을 지을 때는 "물의 집을 먼저 짓는" 것이다. 물의 집이 있고 난 뒤에야 사람의 집이 의미 있기 때문이다. 우물이 물의 집이라면, 사람은 맑은 영혼의 집이다. 물과 영혼의 본성은 닮았다. 시인은 물의 집을 통해 영혼의 몸을 성찰하고 있는 것이다. 루마니아의 우물이 신당神堂이자 신사神祠라면, 사람의 몸 또한 그러할 것이다. 시인은 물의 집인 우물로부터 우리 몸을 구성하는 물의 본성을 떠올리고 있다. 빛 다음으로 창조되었을 만큼 신성에 가장 가닿은 신성한 물질인 물을 생각한다면, 사람이 영혼 또한 물을 닮아가는 것이 당연하다. 그래서 물의 본성을 잃은 이들에게는 정화수 혹은 세례수가 필요한 법이다. 시인이 나이아가라 폭포를 보면서 떠올린 이미지가 "세상의 번뇌 속진을 다 씻고 가라는/ 물세례"(「나이아가라 폭포에게」)라는 것은 매우 자연스럽다.

  일상의 차원에서도 물의 본성은 주목의 대상이다. 그것은 다도茶道를 통해서 드러난다. 시인은 연잎차 향을 통해서 영축산 숲향과 서운암 법향法香을 느낀다.(「통도사 연잎차를 마시며」) 연잎차 향과 숲향과 법향을 공통적으로 관통하는 것은 물이 아닐 수 없다. 법은 물의 맑은 본성과도 다르지 않다. 물은 자연의 법을 거스르지 않을 뿐더러 그 자체로 자연의 법이기도 하다. 물의 본성을 따르는 것은 곧 자연의 법을 따르는 것과 다르지 않다. "연못 속 진흙 속에도/ 깨끗한 연잎"인 것은 연잎이 물의 본성만을 취한 까닭이다. 물의 본성이 숲의 생명을 이루고 삶의 진리를 이룬다. 시인은 연잎차를 마시며 "속진에 물들지 않는/ 길"에 대해서 숙고하고 있으나, 시인은 그 길을 이미 찾은 듯도 싶다.

      난 '그냥'이란
      우리 말이 참 좋아

      그냥이란 말이

왜 좋은데
친구가 물었다

그냥이 그냥 좋은 거지
설명 안 돼
설명 못 해
이유 없어

그래서 그냥이 그냥 좋은 거야

－「그냥」전문

'그냥'은 흐릿한 말이다. 이 흐릿함은 의미를 분별하지 않는 데서 비롯된다. 어떤 감정과 행위의 원인에 대해 충분한 설명이 불가능할 때가 있다. 이때 그 모든 설명을 대체하거나 포괄하는 말이 '그냥'이다. 이성과 논리로 설명되지 않는 일들이 우리 삶에는 허다하다. 그럼에도 우리는 모든 것을 분명하게 설명할 수 있을 때 비로소 안심하게 된다. 자신의 감정과 행위가 이성과 논리의 질서 속에 있어야 한다고 생각하기 때문이다. 하지만 인간의 감정과 행위의 모든 것이 이성과 논리의 범주 속에 있을 수는 없다. 자연의 섭리 또한 마찬가지다. 이성과 논리는 자연의 섭리를 상당 부분 잘라내며, 그런 이유로 협애성을 벗어나지 못한다. 이와 달리 '그냥'은 관대하고 호활浩闊한 말이다. '그냥'이라는 말이 좋아지기 위해서는 분별지로부터 벗어나는 것이 필요하다. 분별지를 벗어난 무애無碍의 상태를 노자老子의 무위자연無爲自然이라 부를 수 있지 않을까. 무위자연이 언어로 표현되기 이전의 도道로서의 자연을 의미한다면 말이다.

  의식이 이성과 논리로 무장한 인위와 억지를 벗어버리고 자기 본연의 자리인 자연의 섭리로 돌아가서 조화를 이룰 때 '그냥'이라는 말이 한없이 좋아질 수 있는 것이다. '무위자연'에 가까워지는 삶일수록 자연스레 '그냥' 좋아질 수 있는 것이다. "그냥이 그냥 좋은 거지/ 설명 안돼/ 설명 없어/ 이유 없어"라는 진술 속에는 언어의 논리와 이성을 벗어버린 자연의 섭리에 가까워진 마음의 상태를 보여준다. 시인은 분별지를 벗어버리고 대상의 순수 그 자체를 바라보는 듯한 태도를 지닌다. 이는 감자꽃에 대한 시인의 성찰에서도 드러난다. 감자꽃을 피운 감자에게 원하는 바를 물었을 때, 시인은 그저 "감자가 되기 위해" 꽃을 피울 뿐이라는 내면의 목소리를 듣는다(「응답하라 감자꽃아」). 시인은 인간의 분별지를 버리고, 대상 그 자체의 순수한 모습을 마주하고 있는 것이다.

4. 구도자의 몸짓

 시인의 언어는 삶에 대해 솔직하고 꾸밈없는 태도를 드러낸다. 예컨대, 그의 「늙어서」는 대화 중에 남의 말을 자르는 노인의 조급함을 자못 위트 있게 변호한다. "남의 말을 토막내는 건// 자기 입에 물고 있는 말"을 "놓칠 세라/ 꺼낸 생각 지워질세라/ 맘 급해 서두르는" 탓이라는 거다. 그리고는 "늙어서 그런 거야// 흉보지 마라"고 당부한다. 마음의 여유는 늙음마저 평온하게 바라볼 수 있는 긍정의 원천이다. 자연의 섭리를 거스르지 않는 시인의 성정은 늙음에 대해서도 그렇거니와, 삶에 대해서도 결코 허무와 무상의 정서를 드러내지 않는다. 이는 정말 특이한 자질이 아닐 수 없는데, 삶의 욕망으로부터 한발 물러선 자세를 견지하며 살아온 삶의 오랜 내력에서 비롯된 것일 테다.

 그의 시에서는 스스로에 대한 성찰을 제외하면 부정적인 시선이나 정서들을 발견하기가 쉽지 않다. 이는 죽음에 대해서도 마찬가지다. 그것은 이질적이거나 부정적인 이미지를 지니지 않는다. 시의 일상적 풍경 속에 죽음의 이미지가 자연스럽게 들어앉아 있다. 그의 시 「납골당에서」를 보라. 이 시는 '납골당'을 슬픔과 허무의 감정으로만 묘사하지 않는다. 오히려 기억과 사랑의 장소로 묘사하면서 담담하게 그려낸다.

> 실로암 추모공원
> 납골당에서 보았다
>
> 유리 진열장 속
> 작은 유골 항아리
> 그 앞에 놓인
> 아이가 쓴 편지글
>
> '할아버지
> 밥 잘 챙겨 먹고
> 건강하세요
>
> 밥 잘 먹으세요'
>
> 하늘나라에 계신 할아버지
> 손주 녀석 편지 읽고
>
> 웃으실까
> 눈물 지으실까
>
> — 「납골당에서」 전문

 여기서 시인이 주목하고 있는 것은 "아이가 쓴 편지글"이다. 아이의 시선 속에서 할아버지는 여전히 살아 있고 일상을 영위하는 존재다. 할아버지는 아이의 목소리를 통해서 이 세계 속으로 따뜻하게 되살아온다. 시인의 언어는 아이의 시선과 조화를 이루면서 공명한다. 아이의 시선으로 삶과 죽음의 세계를 바라보는 것이다. 아이의 심성 속에서 할아버지는 여전히 살아 있는 존재로 간주된다. 아이의 심성에 기댄 시인의 감성은 '납골당納骨堂'이라는 무거운 어휘의 직관성과 대비된다. 이 직관성은 죽음에 대한 부정적인 인상을 동반한다. 하지만 납골당은 시인의 시를 통해 사랑과 기억, 그리고 단절을 넘어서는 일상적 교감의 장소로 변모한다. 무엇보다 아이의 목소리로 인해, 납골당은 슬픔과 허무가 아니라 사랑과 그리움의 정서를 품은 장소로 전환되고 있다. 다른 시를 한 편 더 보도록 하자.

> 실로암 공원묘원에 잠자고 있는
> 그를 만나러 가는 길
> 꽃망울 많이 맺힌
> 카네이션 화분 두 개를 샀다
> 조화 아닌 생화만 둘 수 있는
> 묘원의 규칙에 생명 있는 꽃으로 생기가 난다
>
> 화분 하나는 그의 묘소에 두고
> 화분 하나는 집에 가져왔다

꽃망울 터진 화분의 꽃을 보면서
그곳에도 피었겠지 속마음 중얼거림에
공기 맑은 곳이라 더 많이 피었지
응답하는 그의 목소리 들리는 듯하다

– 「두고 온 꽃」 전문

 이 시는 그리운 이를 추모하고 돌아온 체험을 담담하게 진술한다. "실로암 공원묘원에 잠자고 있는 그"는 아마도 오래전 세상을 떠난 시인의 부군夫君으로 짐작된다. 시인은 "카네이션 화분 두 개를 사"서 "화분 하나는 그의 묘소에 두고" 다른 "화분 하나는 집에 가져" 온다. "화분 하나"라는 어구의 반복은 서로 다른 두 개의 화분에 동일성을 부여한다. "그"의 묘소에 두고 온 "화분 하나"가 어느새 시인의 집에 그대로 놓여 있다는 상상적 실재감을 불러일으키는 것이다.

 "그"는 오래전 세상을 떠났지만 그를 그리워하는 마음은 집안에 향기로 가득하다. 추모는 그리움을 넘어 "그"에 대한 실감實感으로 구체화된다. "꽃망울 터진 화분의 꽃을 보면서" 귀에 들리는 듯한 "그의 목소리"를 떠올리는 것이다. 부재를 확인하러 간 시인의 일상은 기이하게도 풍요롭게 느껴진다. 이로써 그의 시는 부재하는 존재를 일상의 감각으로 불러내고 함께하는 감성을 지니게 된다.

시인은 일상을 향한 다정하고 관대한 시선을 지니고 있다. 이는 시인이 근본적으로 생태학적 감성을 지니고 있기 때문이다. 시인은 길가의 꽃들을 비롯해서 싹난 고구마, 파릇파릇한 이끼, 다육이, 연꽃, 동백꽃, 상추 등의 작은 생명들에게 다정하게 말을 건네고 애정을 느낀다. 그리고 시인 스스로 이 작은 생명들의 순환 속에 놓여 있음을 깨닫는다. '죽음'을 어머니로서의 '물'에게로 돌아가는 과정으로 비유하고 있듯이(「빙하의 울음」), 시인은 생태학적 감성으로 생성과 소멸을 사유한다. 이는 단지 시적 수사修辭로 머물지 않는다. 시인의 생활 정서에 가깝다고 할 수 있다.

그의 시가 소박하게 보일지라도 울림을 주는 것은 바로 이 때문이다. 그의 시는 꾸미지 않는 대신에 솔직하고 담백하며 생명의 감각으로 빛나는 일상의 언어로 이루어진다. 그것은 "언제 사위어질 생명인지 몰라도// 내 존재의 시간"(「눈꽃雪花」)을 향해 "손뼉치는 아이"(「습설이」)와 같은 적자지심赤子之心의 언어다. 그것은 종내 구도자의 몸짓을 지향한다.

넌
온 몸이 깎이는
아픔 뒤에야

속 마음이 닳고 닳아야
비우며 채워가네

쓰고 지우고 지우고 쓰고
수 없는 변덕도 아픔으로 안아
흔적 없이 비우고
입 다문 너

묵언 수행의
구도자의 몸짓 본다

- 「연필은」 전문

정신자 시집

두고 온 꽃

초판인쇄 | 2025년 10월 20일
초판발행 | 2025년 10월 25일
지 은 이 | 정신자
펴 낸 곳 | 빛남출판사
등록번호 | 제 2013-000008호
주　　소 | (49370) 부산광역시 사하구 감천로 21번길 54-6
　　　　　　T.(051)441-7114　F.(051)244-7115　E-mail.wmhyun@hanmail.net

ISBN 979-11-94030-27-0(03810)

값 12,000원

* 이 시집은 2025년 부산광역시, 부산문화재단 〈부산문화예술지원사업〉의
  지원을 받아 제작하였습니다.